LES

LETTRES ANIMÉES.

PARIS. — IMPRIMERIE SCHNEIDER, RUE D'ERFURTH, 1.

LETTRES

Amédée BEDELET Libraire.

LES

LETTRES ANIMÉES.

ALPHABET

AVEC EXERCICES RÉCRÉATIFS

Ouvrage nouveau dédié aux Enfants,

PAR

EUGÈNE HOUX-MARC.

PARIS,

AMÉDÉE BÉDELET, ÉDITEUR,

20, RUE DES GRANDS-AUGUSTINS.

1850

ALPHABETS.

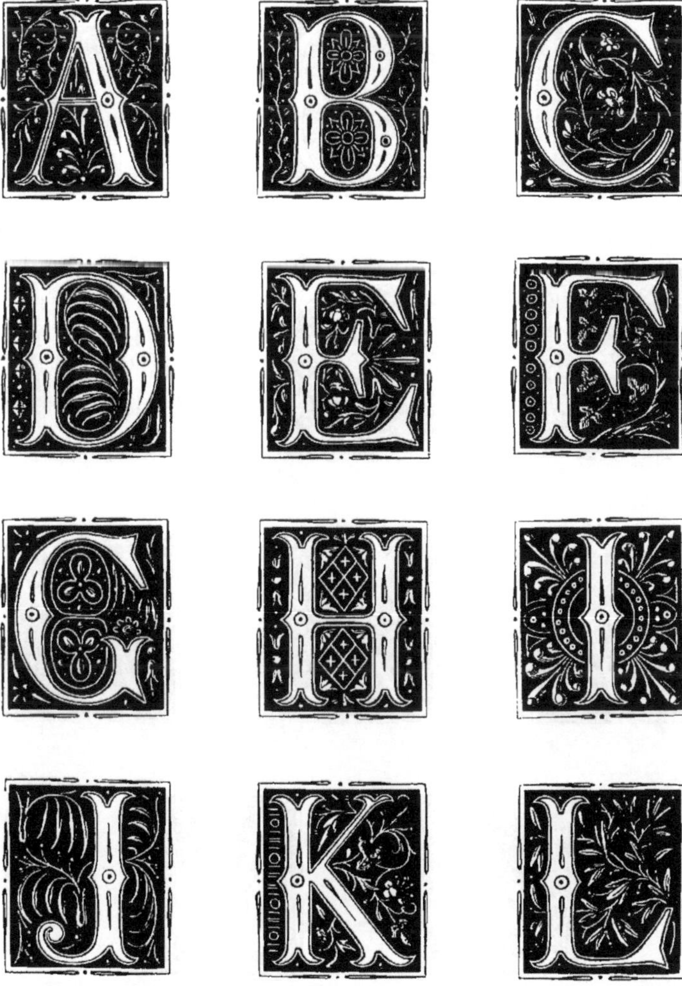

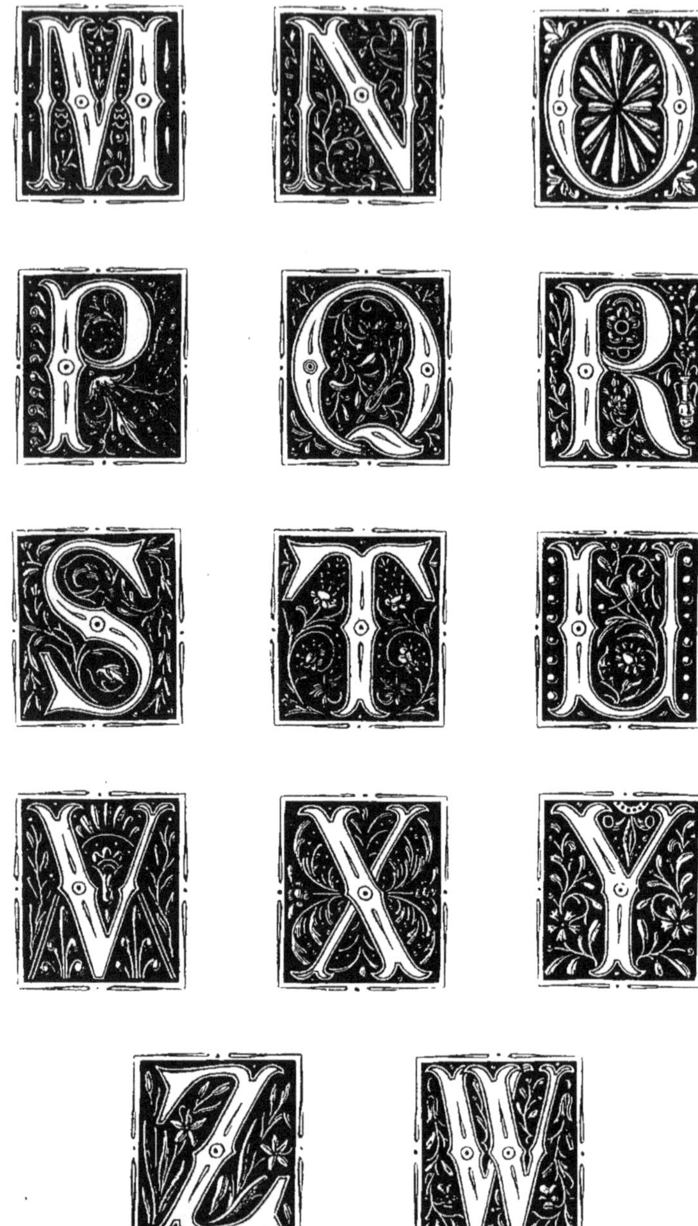

MINUSCULES.

—

a	b	c	d	e	f	g
h	i	j	k	l	m	n
o	p	q	r	s	t	u
v	x	y	z	æ	œ	w

RONDE.

—

a	b	c	d	e	f	g
h	i	j	k	l	m	n
o	p	q	r	s	t	u
v	x	y	z	ae	oe	w

MAJUSCULES ANGLAISES.

—

A B C D

E F G H

I J K L

M N O P

Q R S T

U V X Y

Z W & &ca

EXERCICES.

Voyelles.

a, e, i, o, u, y.

Consonnes.

b, c, d, f, g, h, j, k, l, m,
n, p, q, r, s, t, v, x, z.

Trois manières de prononcer E.

e muet. **é** fermé. **è** ouvert.

Leçon, Parole, Bonté, Café. Père, Mère.

Accents.

Aigu. Grave. Circonflexe sur **a e i o u.**

Été. Prière. Âne, fête, gîte, trône, flûte.

2

ALPHABET ANIMÉ

OU

ARABESQUES ALPHABÉTIQUES.

ASPECT AGRESTE.

—

Aimez à Apprendre.
Apprenez Avec Ardeur.

Bon Berger.

—

Bavardage Blesse Beaucoup.

Charmant Canard.

—

Conduite Coupable Coûte Cher.
Conduite Chrétienne Charme Chacun.

Dédaigneux Dindon.

—

Distraction Détourne Du Devoir.

Épais Éléphant.

—

Étudier est Estimable.
Emportement Éloigne. Empressement Enchaine.

Faucon Fidèle.

—

Fausseté Fait
Fatalement Finir.

Gentille Gazelle.

—

Grande Gravité Glace.
Gracieuseté Gouverne.

Heureux Hameçon.

—

Honnêteté Honore.
Honte Humilie.

Industrieux Iroquois.

—

Ignorance Inévitablement Irrite.
Instruction Immortalise.

Jolis Jeux.

—

Jeunesse Juge Journellement,
Jugez Judicieusement.

Kan. Kalmouk.

—

Venant des monts Krapacks, le Kan des Kalmouks à chaque Kilomètre goûtait du Kirsch.

Louable Lecture.

—

Lisez : le Labeur Lance Loin.
Long Loisir Laisse Languir.

Moutons Mangeant.

—

Mensonge Multiplie Mensonges.
Médire Mortifie.

NAVIRE NAVIGUANT.

—

Niaiserie, Nullité Nous Nuisent.
Ne Négligeons Nullement Notre
Naturel Nonchalant.

ORAGE OBSTINÉ.

—

Obéissance Officieuse Oblige.
Opiniâtreté Obsède.

PAON PRÉCIEUX.

—

Pécher Par Perversité Perd.

QUELQUES QUILLES.

—

Quittez Quelqu'un Qui Querelle.

RÉJOUISSANTE RÉUNION.

—

Réflexion Raisonnable
Rapporte Réussite.

SERPENT SIFFLANT.

—

Soyez Sages, Sans Sagesse Santé
S'éloigne.

TOUPIE TOURNANT.

—

Toute Trahison Trahit Toujours.

UNIFORME UTILE.

—

Unissez-vous Universellement.
Uniformité Unit.

VAILLANT VAUTOUR.

—

Vanité Viciera Vos Vertus.

XANDARUS HEUREUX.

—

réfleXion fiXe, luXe veXe.

YOLE. VOYAGEANT.

—

EssaYez, déploYez vos moYens.

ZÈBRE ZÉPHYR.

—

Terminons notre tâche avec Zèle.

PRENONS POUR DEVISE

Apprendre et Amuser.

ALPHABET ANIMÉ, ANTIPATHIQUE AUX APPLIQUÉS AVEC AVIS ADRESSÉS AUX AGES AIMABLES, AIMANT A APPRENDRE AVEC AMUSEMENT.

Qui sert bien son pays n'a pas besoin d'aïeux

Bataille — Brave Blessé — Barbares
Bédouins Bien Battus.

Fuyez les mauvaises Connaissances.

Charmant Canal, Celui-Ci Coule, Celui-là Cabriole. Canards Capturés.

Certain Cachot Corrigera Cette Conduite Coupable.

Mauvaise conduite qui mène à une perte inévitable.

DÉPLORABLE DÉTRESSE. — LES DEUX DRÔLES DISSIPÉS DÉRIVANT DÉSASTREUSEMENT DANS DES DÉTROITS DÉSERTS.

Ne jouez pas avec les armes à feu.

Exercice Entre Écoliers Échappés. Espingole Enrouillée Éclatant
Explosion Effrayante. Effet Évident Exposé En Exemple.

En toutes choses, veillez d'abord sur vous-même

FANTASMAGORIE FORAINE. FLANEUR FRIPONNÉ. FILOU FLAMBÉ.

Quand le crime veille, la justice est sur ses gardes.

GRAND GUET-APENS. GUEUX GROUPÉS. GENDARMES GUETTANT.
GARE, GENTILS GAILLARDS.

Mieux vaut le pain de l'honnêteté que le poulet de la fraude.

HARDI HÉROS, HAPPANT, HAPPÉ.

Sans conseils, le jeune âge n'atteint pas son but.

Instruction Intéressante. Inclinaison Indiquée.
Introduction Immédiate.

Ne Jugez pas les choses seulement par l'extérieur.

Jeunes Jouvenceaux Jugez !

Ne vous écartez pas sans guide du toit paternel, les accidents vous entourent.

Kiosque.

Douce et utile récompense donnée aux travaux de l'étude. S'instruire en s'amusant.

LAC LÉMAN. LYCÉENS LABORIEUX LONGEANT LE LITTORAL.

Priez Dieu dans vos afflictions

MAGNIFIQUES MONUMENTS MUTILÉS.

Les grandes choses apportent la gloire et la gloire [illegible]

NUL N'IGNORE NAPOLÉON

[illegible], parce que tous les enfants veulent s'instruire, imitez cet exemple salutaire.

OGRE OPÉRANT.

Qui se sert de l'épée, périra par l'épée.

Polichinel Percé Par Pierrot Pour Plusieurs Pommes Prises Par Perfidie. Pour Pareille Perversité, Pierrot Périra Pendu.

Queue.

Le plaisir est la récompense du travail.

RAISONNABLES RÉJOUISSEZ-VOUS. REBELLES RÉFLÉCHISSEZ

Faites le bien dans toutes circonstances.

Source Sauvage. Serpent Sautillant. Singe Sanglant ; Stanislas, Soldat, Survenant, Soulage Sa Souffrance.

Tricher, c'est prendre.

TIREZ, TOURNEZ TOUJOURS! TOUT TOUR TOUCHE. TRICHEURS, TREMBLEZ,
TOUTE TRICHERIE TRAHIT TOUJOURS TOUT TROMPEUR.

Soyez bons avec vos condisciples.

UNE UNION UNIVERSITAIRE.

Avant d'agir, demandez conseil

Victime Volontaire, Voulant Voir.

La force morale l'emporte sur la force corporelle.

Xyste, lieuX précieuX auX jeuX vigoureuX.

Pour voguer avec bonheur, évitez les querelles.

YACHT. — YOLE.
ZIZANIE.

SYLLABES.

—

A.

Ab-ba, ac-ca, ad-da, af-fa, ag-ga, ah-ha, aj-ja, ak-ka, al-la, am-ma, an-na, ap-pa, aq, ar-ra, as-sa, at-ta, av-va, ax-xa, az-za.

Plusieurs syllabes forment un **MOT**.

Papa attrapa un ara, en Arménie, où il alla sur le mont Ararat.

E.

Eb-be, ec-ce, ed-dè, ef-fê, eg-ge, eh-hé, ej-jè, ek-kê, el-le, em-mé, en-nè, ep-pê, eq, er-re, es-sé, et-tè, ev-vê, ex-xe, ez-ze.

Pierrot est repêché près de l'étang où l'on a péché; lui aussi a péché, mais non pas parce qu'il a pêché du poisson; il a péché, parce qu'il a, chez le voisin, pêché des pêches sur un pêcher, ce qui est un gros péché; mais il a le gosier bien empêché, parce que, comme on l'a empêché, il s'est trop dépêché de dépêcher les pêches du pêcher.

Eu, œu, ent, ai, ei, et, est, er, ez.

Ne soy*ez* pas *ent*êté, un mauv*ai*s suj*et* l'*est* seulem*ent*. Votre s*œur* f*ai*t mi*eu*x, elle pr*ête* l'or*ei*lle aux bons cons*ei*ls, all*ez* avec *el*le, voy*ez* ce qu'*el*le f*ai*t, *et* tâch*ez* de l'imit*er*.

I.

Ib-bi, ic-ci, id-di, if-fi, ig-gi, ih-hi, ij-ji, ik-ki, il-li, im-mi, in-ni, ip-pi, iq, ir-ri, is-si, it-ti, iv-vi, ix-xi, iz-zi.

Y a le son de deux I.

*Y*acoub, jo*y*eux marin, vo*y*ez sur la rive si la *y*ole *y* est.

Si vous l'*y* vo*y*ez, vo*y*ageons, et jetez les *y*eux sur le pa*y*s, c'est le bon mo*y*en d'apprendre.

Sons identiques du son IN.

Im, ein, eim, ain, aim.

Le d*aim* broute le th*ym*.

Le p*ain* est très-s*ain* pour apaiser la f*aim*.

L'eau, le mat*in*, rafraîchit le t*ein*t.

En IN.

Arlequ*in* mal*in* v*in*t le mat*in* dans le jard*in* manger le rais*in* du médec*in*; mais le dest*in* fait qu'un mât*in* trahit le larc*in*, et le gourd*in* d'un vois*in* corrige le coqu*in* et met f*in* au fest*in*.

O.

Ob-bo, oc-co, od-do, of-fo, og-go, oh-ho, oj-jo, ok-ko, ol-lo, om-mo, on-no, op-po, oq, or-ro, os-so, ot-to, ov-vo, ox-xo, oz-zo.

Qui va pia*no* va sa*no*; au jeu de domi*no*s, comptez les numé*ro*s de peur de faire zé*ro*.

Au, eau, eaux, os.

A pr*opos*, si vous êtes dis*pos*, allez *au* ch*â*t*eau*, près de l'encl*os*, en h*aut*, derrière un rid*eau*; sur un soliv*eau* vous trouverez un gât*eau* assez b*eau*, prenez-en un mor*ceau* pas trop gr*os*, sinon gare à votre d*os*.

U.

Ub-bu, uc-cu, ud-du, uf-fu, ug-gu, uh-hu, uj-ju, uk-ku, ul-lu, um-mu, un-nu, up-pu, uq, ur-ru, us-su, ut-tu, uv-vu, ux-xu, uz-zu.

Lustucru, jouff*lu*, il a p*lu*, prends-*tu* de la g*lu*, *un* oiseau, je l'ai *vu*, a pa*ru*, si *tu* ne l'as pas aper*çu*, c'est que *tu* ne l'as pas vou*lu*, n'étant pas aussi réso*lu* que je l'avais c*ru*.

Voyelles doubles ou Diphthongues.

Ai, ia, au, an, ei, ie, eu, ieu, en, ien, ian, io, oi, on, oin, ou, oui, ui, iun, un, uin.

Le ch*ien* v*ien*t*,* s'il n*ou*s v*oi*t au l*oin*, s*oyon*s agr*éa*bles avec l*ui*, a*yon*s s*oin* q*u'il* s*oi*t b*ien* tr*ai*té.

L*ou*ons, glorif*ions* D*ieu*, a*yon*s rec*ou*rs à l*ui* en tous nos bes*oin*s, n'oubl*ion*s pas de le remerc*ie*r dans t*ou*tes nos pr*iè*res.

Consonnes doubles.

bl.	br.	cl.	cr.	fr.	gr.	gl.
Blé,	**bras,**	**clou,**	**crin,**	**frac,**	**grain,**	**gland.**

pl.	pr.	st.	tr.	vr.
Plat,	**prix,**	**stuc,**	**trou,**	**vrai.**

Le *gr*and *tr*avail *pr*oduit des *fr*uits é*cl*atants, *ch*er*ch*ons à *pr*éparer no*tr*e es*pr*it à ap*pr*en*dr*e ; *pl*us nous mar*ch*erons *st*udieusement dans un *pl*an ainsi *tr*acé, *pl*us le *tr*avail devien*dr*a co*mm*ode.

C'e*st*, *cr*oyez-moi, le *vr*ai *ch*emin pour a*rr*iver à *pl*aire.

ch.	gn.	ll.
Chou,	**grognon,**	**fille.**

Polic*h*ine*ll*e avec ses compa*gn*ons c*h*erc*h*ait son c*h*ien qui s'était cac*h*é, pendant que l'é*cl*air bri*ll*ait et si*ll*onnait la nue. Il le trouva, savez-vous où? Sous des c*h*oux.

Ph. son identique de F.

Le *ph*énix était un *ph*énomène contraire aux *ph*rases de la *ph*ysique, la planète *Ph*œbus en renferme des *ph*ases que les *ph*ilosop*h*es *Ph*rygiens n'ont pu expliquer dans les *ph*rases de leurs écrits.

Th. son identique de T.

*Th*éodore, venez au *th*éâtre, après nous prendrons le *th*é avec *Th*érèse.

C comme ss avant E. I.

Commencer à s'exercer de bonne heure, c'est avancer les succès; il faut se forcer, car si l'on balance il faut renoncer à se placer avant les autres et à se voir effacer; cet exercice est facile.

C comme ss avant A O U, avec l'addition d'une cédille.

Ma leçon, je m'en aperçois, mon petit garçon, ne vous plaît en aucune façon; mais en vous forçant un peu, elle sera perçue avec facilité.

C dur devant A O U.

Il était *cu*rieux et *co*mique de voir *Ca*ssandre *cou*per d'un air *ca*pable, avec son grand *cou*teau, les *cô*telettes que la *cu*isinière *Co*lombine faisait *cu*ire dans la *ca*sserole, pendant que ce *co*quin de Pierrot mangeait le *ca*fé et les œufs à la *co*que.

Coco, le singe, *co*piait ses gestes.

Sons identiques de C dur.

Les *Ka*byles étant entrés dans le *ki*osque où se *ca*chaient les poules, le pauvre *coq*, *Coquorico*, fut *cro*qué tout *cru*.

G dur devant A O U.

Enfants *gâ*tés, *ga*rdez-vous de trop vous ré*ga*ler de *gâ*teaux, y *goû*ter suffit : la *gour*mandise ne convient qu'aux petits *ga*rçons mal *gu*idés par leurs *goû*ts.

G. son identique de J par l'addition d'un E devant a, o, u.

La Gin*geo*le, s'efforçant à jouer du fla*geo*let devant *Geo*ffroy le *geô*lier, devint rou*geaud* ; il avait ga*gé* plusieurs pi*geons*.

T prononcé comme SS entre deux voyelles.

Dans cette exposi*tion*, nous avons fait l'exhibi*tion* d'allocu*tions* tirées de notre inspira*tion*. On comprend que cette composi*tion* d'éduca*tion* ne présente pas une élabora*tion* exempte d'imperfec*tions*. Cependant, ne jugez pas avec précipita*tion*, nous avons pris toute précau*tion* pour éviter les interpella*tions*, cela nous a donné de l'occupa*tion*; si vous attaquez notre concep*tion*, nous vous ferons la proposi*tion* de prendre la récréa*tion* de faire une imita*tion* dans ce genre de disserta*tion*; faites bien atten*tion* que l'applica*tion* est plus difficile que l'argumenta*tion*. Que notre observa*tion* ne nous attire pas d'admoni*tion*, nous ne mettons pas de provoca*tion* dans cette ac*tion*; mais, pour arriver à la concilia*tion* et à la cessa*tion* de toute objec*tion*, espérons que notre inten*tion* de vous donner quelques distrac*tions* méritant considéra*tion*, nous acquéreront quelques félicita*tions* et nous forceront à la réimpression d'une autre édi*tion*, c'est alors que nous ne trouverons pas dans notre imagina*tion* de locu*tions* pour la manifesta*tion* de notre satisfac*tion*.

Tout ici-bas a une fin; les choses bonnes comme les mauvaises; on regrette la fin des premières, on désire hâter celle des secondes; de peur qu'on ne range notre œuvre dans les choses imparfaites, nous ne voulons pas donner un ouvrage sans

www.ingramcontent.com/pod-product-compliance
Ingram Content Group UK Ltd.
Pitfield, Milton Keynes, MK11 3LW, UK
UKHW021626260726
13994UKWH00003B/1103